병든 서울

국립중앙도서관 출판시도서목록(CIP)

병든 서울 / 지은이: 오장환. -- 양평군 : 시인생각, 2013
  p. ;   cm. -- (한국대표명시선100)

ISBN 978-89-98047-71-9 03810 : ₩6000

"오장환 연보" 수록
한국시[韓國詩]

811.62-KDC5
895.714-DDC21   CIP2013012177

한 국 대 표
명   시   선
1 0 0

오 장 환

병든 서울

시인생각

■ 시인의 말

  여기에 모은 것이 8월 15일 이후부터 지금가지 나의 쓴 시의 전부이다. 처음부터 서문 같은 것은 필요는 없는 것이다. 일기처럼 날자를 박어가며 써나온 이 시편. 이 속에 불려진 노래가 모든 것은 해답할 것이다.

  대체로 전일 내가 쓴 시들이 어드런 큰 욕설과 자기를 떠난 보람을 구한 것이라 하면, 여기 이 시편 속에 있는 것은 어떻게 하면 자신에 충실하고 어떻게 하면 이 현실에 똑바르 수 있을까를 찾기 위하야 다만 시밖에는 쓸 줄 모르는 내가, 울부짖고, 느끼며 혹은 크게 결의를 맹세하려든 그날 그날을 조목조목 일기로 적은 것이 이 시편들이다.

  거듭 말 할 필요도 없다. 나의 시속에 아직도 의심하고 아직도 서러하는, 아직도 굳건하지 못할 점이 있으면 내 시를 사랑하는 이들은 두말없이 나의 온몸에 채찍을 날리라. 그러나 다만 보잘 것 없는 나의 성실이 이러한 찌꺼기를 버리지 못한 것이라하면 그대들도 나의 타고난 이 불손에 대하여 또 이 똑바로 보지 않으면 안될 현실에 대하야 따뜻한 이해를 가지라.

옳은 말이나 곧은 말이란 아무 때이고 남에게 돌림을 받는 것임을 이중에도 뼈아프게 도리킨다. 언론자유, 출판자유, 이렇게 휘번들한 간판 밑에도 용기 없는 사람은 자유를 갖지 못한다. 이로 인하야 나는 「지도자」와 「너는 보았느냐」의 두 작품을 비굴한 신문기자 때문에 발표치 못할 뻔하였다. 그러나 우리의 훌륭한 우리의 선배와 동무들은 이것을 세상에 물어주었다.

내가 이 시집을 하로바삐 내어 세상에 묻고저함은, 이 어려운 세월을 나는 이렇게 살아왔고, 또 이렇게 살랴 한다고 외치고 싶음이겠으나, 또 한편으로는 우리의 문화전선을 좀먹는 무리들의 악의를 벗어나 진실로 속여지지 않은 내 의사를 이렇게 표시할 수 있음을 그들에게 알리기도 위함이다.

1946년 3월 12일
서울대학부속의원 입원실에서

저 자

― 시집 『병든 서울』(1946, 정음사) 머리말에서 ―

■ 차례 ——————— 병든 서울

시인의 말

1
붉은 산   13
나의 노래   14
바다   16
편지   17
정거장   18
병든 서울   19
찬가   23
내 나라 오 사랑하는 내 나라 —씩씩한
   사나이 박진동朴晉東의 영령靈 앞에   28
호수   30
어머니 서울에 오시다   32

한국대표명시선100 오 장 환

2

모촌暮村   37

전설   38

정문旌門 —염락廉洛·열녀불경이부충
 신불사이군烈女不敬二夫忠臣不事二君   39

너는 보았느냐   40

병실   41

여수旅愁   42

성벽城壁   43

다시 미당리美堂里   44

향수   46

고전古典   48

3

종가　51

어포魚浦　52

경鯨　53

화원花園　54

소야小夜의 노래　55

구름과 눈물의 노래　56

나 사는 곳　58

고향 앞에서　60

절정의 노래　62

종소리　64

4

북방北方의 길　67

적야寂夜　68

The Last Train　69

헌사獻詞 Artemis　70

무인도　72

나의 길 —3·1 기념의 날을 맞으며　73

성탄제聖誕祭　76

산협山峽의 노래　78

연화시편蓮花詩篇　80

지도자 —전국청년단체대회 대표들에게　82

5
첫서리　85
상렬喪列　86
FINALE　87
모화牟花　88
성씨보姓氏譜 —오래인 관습,
　그것은 전통을 말함이다　89
귀촉도歸蜀途 —정주廷柱에 주는 시　90
초봄의 노래　92
강을 건너　94
노래　96

발사_성벽城壁 시절의 장환・이봉구　97
오장환 연보　100

1

붉은 산

가도, 가도 붉은 산이다.
가도 가도 고향뿐이다.
이따금 솔나무 숲이 있으나
그것은
내 나이같이 어리고나.
가도 가도 붉은 산이다.
가도 가도 고향뿐이다.

나의 노래

나의 노래가 끝나는 날은
내 가슴에 아름다운 꽃이 피리라.

새로운 묘에는
옛 흙이 향그러

단 한번
나는 울지도 않았다.

새야 새 중에도 종다리야
화살같이 날아가거라

나의 슬픔은
오직 님을 향하여

나의 과녁은
오직 님을 향하여

단 한번
기꺼운 적도 없었더란다.

슬피 바래는 마음만이
그를 좇아
내 노래는 벗과 함께 느끼었노라.

나의 노래가 끝나는 날은
내 무덤에 아름다운 꽃이 피리라.

바다

눈물은
바닷물처럼
짜구나.

바다는
누가 울은
눈물인가.

편지

누나야, 편지를 쓴다.
뜨락에 살구나무 올라갔더니
웃수머리 둥구나무,
조ㅡ그만하게 보였다.
누나가 타고 간 붉은 가마는
둥구나무 샅으로 돌아갔지,
누나야, 노ㅡ랗게 익은
살구도 따먹지 않고
한나절 그리워했다.

정거장

정거장엔, 할머니 한 분,
차는 벌써 떠나갔는데,
돌아가지도 않고
기다립니다.
어둑—한, 길목엔,
깜작, 깜작, 등불이
켜졌어도,
막차가 떠난 정거장서
할머니는 누구를
기다리시는지,
우두커—니 서서
돌아가지도 않고 기다리십니다.

병든 서울

8월 15일 밤에 나는 병원에서 울었다.
너희들은 다 같은 기쁨에
내가 운 줄 알지만 그것은 새빨간 거짓말이다.
일본 천황의 방송도,
기쁨에 넘치는 소문도,
내게는 곧이들리지 않았다.
나는 그저 병든 탕아로
홀어머니 앞에서 죽는 것이 부끄럽고 원통하였다.

그러나 하루아침 자고 깨니
이것은 너무나 가슴을 터치는 사실이었다.
기쁘다는 말,
에이 소용도 없는 말이다.
그저 울면서 두 주먹을 부르쥐고
나는 병원에서 뛰쳐나갔다.
그리고, 어째서 날마다 뛰쳐나간 것이냐.
큰 거리에는,
네거리에는, 누가 있느냐.
싱싱한 사람 굳건한 청년, 씩씩한 웃음이 있는 줄 알았다.

아, 저마다 손에 손에 깃발을 날리며
노래조차 없는 군중이 만세로 노래를 부르며
이것도 하루아침의 가벼운 흥분이라면……
병든 서울아, 나는 보았다.
언제나 눈물 없이 지날 수 없는 너의 거리마다
오늘은 더욱 짐승보다 더러운 심사에
눈깔에 불을 켜들고 날뛰는 장사치와
나다니는 사람에게
호기 있이 먼지를 씌워주는 무슨 본부, 무슨 본부,
무슨 당, 무슨 당의 자동차.

그렇다. 병든 서울아,
지난날에 네가, 이 잡놈 저 잡놈
모두 다 술 취한 놈들과 밤늦도록 어깨동무를 하다시피
아 다정한 서울아
나도 밑천을 털고 보면 그런 놈 중의 하나이다.
나라 없는 원통함에
에이, 나라 없는 우리들 청춘의 반항은 이러한 것이었다.
반항이여! 반항이여! 이 얼마나 눈물 나게 신명 나는 일이냐

아름다운 서울, 사랑하는 그리고 정들은 나의 서울아
나는 조급히 병원 문에서 뛰어나온다.
포장 친 음식점, 다 썩은 구루마에 차려 놓은 술장수
사뭇 돼지구융같이 늘어선
끝끝내 더러운 거릴지라도
아, 나의 뼈와 살은 이곳에서 굵어졌다.

병든 서울, 아름다운, 그리고 미칠 것 같은 나의 서울아
네 품에 아무리 춤추는 바보와 술 취한 망종이 다시 끓어도
나는 또 보았다.
우리들 인민의 이름으로 씩씩한 새 나라를 세우려 힘쓰는
이들을……
그리고 나는 외친다.
우리 모든 인민의 이름으로
우리네 인민의 공통된 행복을 위하여
우리들은 얼마나 이것을 바라는 것이냐.
아, 인민의 힘으로 되는 새 나라

8월 15일, 9월 15일,
아니, 삼백예순날

나는 죽기가 싫다고 몸부림치면서 울겠다.
너희들은 모두 다 내가
시골구석에서 자식 땜에 아주 상해 버린 홀어머니만을 위하여 우는 줄 아느냐.
아니다, 아니다. 나는 보고 싶으다.
큰물이 지나간 서울의 하늘이……
그때는 맑게 개인 하늘에
젊은이의 그리는 씩씩한 꿈들이 흰 구름처럼 떠도는 것을……

아름다운 서울, 사무치는, 그리고, 자랑스런 나의 서울아,
나라 없이 자라난 서른 해
나는 고향까지 없었다.
그리고, 내가 길거리에서 자빠져 죽는 날,
'그곳은 넓은 하늘과 푸른 솔밭이나 잔디 한 뼘도 없는'
너의 가장 번화한 거리
종로의 뒷골목 썩은 냄새 나는 선술집 문턱으로 알았다.
그러나 나는 이처럼 살았다.
그리고 나의 반항은 잠시 끝났다.
아 그동안 슬픔에 울기만 하여 이냥 질척거리는 내 눈
아 그동안 독한 술과 끝없는 비굴과 절망에 문드러진 내 쓸개
내 눈깔을 뽑아 버리랴, 내 쓸개를 잡아떼어 길거리에 팽개치랴.

찬가

한때, 우리는 해방이 되었다 하였고 또 온 줄로 알았다.
그러나
사나운 날씨에
조급한 사나이는
다시금,
뵈지 않는 쇠사슬 절그럭거리며
막다른 노래를 부르는구나

아 울음이여! 울음이여!
신음 속에 길러오던
너의 성품이,
넘쳐나는 기쁨에도 샘솟는 것을
아주 가까운 이마즉
우리는 새날을 통하여 배우지 아니했느냐.

젊은이여! 벗이여!
손과 발에…… 쇠사슬 늘이고
억눌린 뱃전에
스스로 노를 젓던
그 옛날, 흑인의 부르던 노래

어찌하여 우리는 이러한 노래를
다시금 부르는 것이냐.

뵈지 않는 쇠사슬
마음 안에 그늘지는 검은 그림자에도
내 노래의 갈 곳이
막다른 길이라 하면
아, 젊음이여!
헛되인 육체여!
너는 또 보지 아니했느냐.
8월 15일
아니 그보다도 전부터
우리들의 발걸음이 있는 뒤부터
항거하는 마음은 그저
무거운 쇠줄에 몸부림칠 때
온몸을 피투성이로 이와 싸우던 투사를……

옥에서
공장에서
산속에서

지하실에서 나왔다.
몇천 길을 파고 들어간 땅속 갱도에서도……
땅 위로 난 모든 문짝은 뻐개지고
구멍이란 구멍에서 이들은 나왔다.
그리고
나와 보면 막상 반가운 얼굴들
함께 자란 우리의 형제 우리의 동무

K가 나왔다.
또 하나의 K가 나왔다.
A가 나왔다.
P가 나왔다.
그 속에는 먼— 남의 나라까지 찾아가 원수들 총부리에,
우리의 총부리를 맞들이댄 동무도 있었다.
그리고, 이들은
전부터 부르는 나즉한 노래를
이제는 더욱 소리 높여 부를 뿐이다.

뵈지 않는 쇠사슬 절그럭거리며
막다른 노래를

노래 부르는 벗이여!
전에는 앞서 가며 피 흘리던 이만이
조용조용 부르던 노래
이제는 모두 합하여
우리도 크게 부른다.
"비겁한 놈은 갈려면 가라"

곳곳에서 우렁차게 들리는 소리
아, 이 노래는
한 사람의 노래가 아니다.
성낸 물결모양 아우성치는 젊은 사람들……
더욱 세찬 이 바람은 귀만을 찌르는 것이 아니라,
애타는 가슴속
불을 지른다.

아 영원과 사랑과 꿈과 생명을 노래하던 벗이여!
너는 불타는 목숨을
그리고
불타면 꺼지는 목숨을 생각한 적이 있느냐
모두 다 앞서 가던 선구자의 죽음 위에

스스로의 가슴을 불 지르고 따라가는 동무들

우렁찬 우렁찬 노래다.
모두 다 합하여 부르는 이 노래
그렇다.
번연히 앞서보다 더한 쇠줄을
배반하는 무리가 가졌다 하여도
우리들 불타는 억세인 가슴은
젊은이 불을 뿜는 노래는
이런 것을 깨끗이 사뤄버릴 것이다.

우리들의 귀는 한 번에 두 가지를 들을 수 없다.
우리들의 마음은 한 번에 두 가지를 생각할 수 없다.
벗이여! 점점 가까워 온다
얼마나 얼마나 하늘까지 뒤덮는 소리냐
「비겁한 놈은 갈려면 가라」

내 나라 오 사랑하는 내 나라
— 씩씩한 사나이 박진동朴晉東의 영靈 앞에

내 나라 오 사랑하는 내 나라야
강도만이 복 받는
이처럼 아름다운 세월 속에서
파출소를 지날 때마다
선뜩한 가슴
나는 오며 가며 그냥 지냈다.

너는 보았느냐
우리의 생명과 재산을 지키려는 이들이
아 살기 띠운 얼굴에
장총을 들고 선 것을……

그들은 장총을 들었다.
그리고
그 총 속엔 탄환이 들었다.

파출소 앞에는
스물네 시간
그저 쉬지 않고
파출소만 지키는

군정청의 경찰관!

어디다 쏘느냐.
오 어디다 쏘느냐!
이것만이 애타는 우리의 가슴일 때
총소리는 대답하였다.
―여기는 삼청동이다.
죄 없는 학병의 가슴 속이다.

그리하여 죽어가는 학병들도 대답하였다.
―우리 학병 우리 동무 만세!
조선인민공화국 만세!

내 나라 오 사랑하는 내 나라야,
강도만이 복 받는
이처럼 화려한 세월 속에서
아 우리는 어찌하여
우리는 어찌하여
 우리의 원수를 우리의 형제와 우리의 동무 속에 찾아야
하느냐.

호수

호수에는 사색四色 가지의 물고기들이 살기도 한다.
차디찬 슬픔이 생겨나오는 말간 새암
푸른 사슴이 적시고 간 입 자국이 남기어 있다.
멀리 산간에서는
시냇물들이 바위에 부딪히는 소리가 들리어오고
아득한 숲길은 고대의 창연한 그늘이 잠겨 있어
나 어린 구름들이 한나절 호숫가에 노닐다 간다.
저물기 쉬운 하룻날은
풀뿌리와 징게미의 물내음새를 풍기우며 거무른 황혼 속에 잠기어버리고
내 마음 좁은 영토 안에
나는 어스름 거무러지는 추억을 더듬어보노라.
오호 저녁바람은 가슴에 차다.
어두운 장벽臟壁 속에는 지저분하게 그어 논 소년기의 낙서가 있고,
큐피드의 화살 맞았던 검은 심장은 찢어진 대로 깃날리었다.
가는 비와 오는 바람에
흐르는 구름들이여!
너는 어느 곳에 어제날을 만나보리오.

야윈 그림자를 연못에 적시며 낡은 눈물을 어제와 같이 흘려보기에
　너는 하많은 청춘의 날을 가랑잎처럼 날려보내었나니
　오—
　나는 싸느랗게 언 체온기를 겨드랑 속에 지니었도다.

어머니 서울에 오시다

어머니 서울에 오시다
탕아 돌아가는 게
아니라
늙으신 어머니 병든 자식을 찾아오시다.

—아 네 병은 언제나 낫는 것이냐.
날마다 이처럼 쏘다니기만 하니……
어머니 눈에 눈물이 어릴 때
나는 거기서 헤어나지 못한다.

—내 붙이, 내가 위해 받드는 어른
내가 사랑하는 자식
한평생을 나는 이들이 죽어갈 때마다
옆에서 미음을 끓이고 약을 달인 게 나의 일이었다.
자, 너마저 시중을 받아라.

오로지 이 아들 위하여
서울에 왔건만
며칠 만에 한 번씩 상을 대하면
밥숟갈이 오르기 전에 눈물은 앞서 흐른다.

어머니여 어머니시여! 이 어인 일인가요
뼈를 깎는 당신의 자애보다도
날마다 애타는 가슴을
바로 생각에 내닫지 못하여 부산히 서두르는 몸짓뿐.

―이것아 어서 돌아가자
병든 것은 너뿐이 아니다. 온 서울이 병이 들었다.
생각만 하여도 무섭지 않느냐
대궐 안의 윤비는 어디로 가시라고
글쎄 그게 가로채였다는구나.

시골에서 땅이나 파는 어머니
이제는 자식까지 의심스런 눈초리로 바라보신다.
아니올시다. 아니올시다.
나는 그런 사람과는 아무런 관계도 없습니다.
내가 생각하는 것은
이 가슴에 넘치는 사랑이 이 가슴에서 저 가슴으로
이 가슴에 넘치는 바른 뜻이 이 가슴에서 저 가슴으로
모든 이의 가슴에 부을 길이 서툴러 사실은
그 때문에 병이 들었습니다.

어머니 서울에 오시다
탕아 돌아가는 게
아니라
늙으신 어머니 병든 자식을 찾아오시다.

2

모촌暮村

 초라한 지붕 썩어가는 추녀 위엔 박 한 통이 쇠었다.
 밤서리 차게 내려앉는 밤 싱싱하던 넝쿨이 사그라붙던 밤, 지붕 밑 양주兩主는 밤새워 싸웠다.
 박이 딴딴히 굳고 나뭇잎새 우수수 떨어지던 날, 양주는 새 바가지 뀌어 들고 추레한 지붕, 썩어가는 추녀가 덮인 움막을 작별하였다.

전설

느티나무 속에선 올빼미가 울었다. 밤이면 운다. 항상, 음습한 바람은 얕게 나려앉았다. 비가 오든지, 바람이 불든지, 올빼미는 동화 속에 산다. 동리 아이들은 충충한 나무 밑을 무서워한다.

정문旌門

— 염락廉洛·열녀불경이부충신불사이군烈女不敬二夫忠臣不事二君

   열녀를 모셨다는 정문은 슬픈 울 창살로는 음산한 바람이 스미어들고 붉고 푸르게 칠한 황토 내음새 진하게 난다. 소조小姐는 고운 얼굴 방안에만 숨어 앉아서 색시의 한시절 삼강오륜 주송지훈朱宋之訓을 본받아왔다. 오 물레 잣는 할멈의 진기한 이야기 중놈의 과객의 화적의 초립동이의 꿈보다 선명한 그림을 보여줌이여. 시꺼먼 사나이 힘세인 팔뚝 무서운 힘으로 으스러지게 안아준다는 이야기 소저에게는 몹시는 떨리는 식욕이었다. 소저의 신랑은 여섯 해 아래 소저는 시집을 가도 자위하였다. 쑤군, 쑤군 지껄이는 시집의 소문 소저는 겁이 나 병든 시에미의 똥맛을 핥아보았다. 오 효부라는 소문의 펼쳐짐이여! 양반은 조금이라도 상놈을 속여야 하고 자랑으로 누르려 한다. 소저는 열아홉. 신랑은 열네 살 소저는 참지 못하여 목매이던 날 양반의 집은 삼엄하게 교통을 끊고 젊은 새댁이 독사에 물리려는 낭군을 구하려다 대신으로 죽었다는 슬픈 전설을 쏟아내었다. 이래서 생겨난 효부 열녀의 정문 그들의 종친은 가문이나 번화하게 만들어보자고 정문의 광영을 붉게 푸르게 채색하였다.

너는 보았느냐

너는 보았느냐
마차발에 채어 죽은 마차꾼을,
그리고
장안 한복판에
마육馬肉을 싣고 가는 마차말같이
인육人肉을 싣고 가는 폭력단을—

한 나라의 집결된 의사,
인민의 입,
신문이 있다.
그리고
아 끝까지 배지 못한 인육의 마부는
성낸 말들을 이곳으로 몰아넣는다.

너는 보았느냐,
타성의 뒷발질밖에
아무런 재주도 없는
이 마차말조차 제어하지 못하는 늙은 마부를……

병실

양어장 속에서 갓 들어온 금붕어
어항이 무척은 신기한 모양이구나.

병상의 검온계는
오늘도 39도를 오르내리고
느릿느릿한 맥박과 같이
유리항아리로 피어오르는 물방울
금붕어는 아득한 꿈길을 모조리 먹어버린다.

먼지에 끄을은 초상과 마주 대하여
그림자를 잃은 청자의 화병이 하나
오늘도 시든 카네이션의 꽃다발을 뱉어버렸다.

유현幽玄한 꽃향기를 입에 물고도
충충한 먼지와 회색의 기억밖에는
이그러지고도 파리한 얼굴.

금붕어는 지금도 어느 꿈길을 따르는가요
책갈피에는 청춘이 접히어 있고
창밖으론 포도알들이 한데 몰리어 파르르 떱니다.

여수旅愁

여수에 잠겼을 때, 나에게는 조그만 희망도 숨어버린다.
요령처럼 흔들리는 슬픈 마음이여!
요지경 속으로 나오는 좁은 세상에 이상스러운 세월들
나는 추억이 무성한 숲속에 섰다.

요지경을 메고 다니는 늙은 장돌뱅이의 고달픈 주막꿈처럼
누덕누덕이 기워진 때 묻은 추억,
신뢰할 만한 현실은 어디에 있느냐!
나는 시정배와 같이 현실을 모르며 아는 것처럼 믿고 있었다.

괴로운 행려 속 외로이 쉬일 때이면
달팽이 깍질 틈에서 문밖을 내다보는 얄미운 노스타르자
너무나, 너무나, 뼈 없는 마음으로
오—늬는 무슨 두 뿔따구를 휘저어보는 것이냐!

성벽城壁

세세전대만년성世世傳代萬年盛하리라는 성벽은 편협한 야심처럼 검고 빽빽하거니 그러나 보수保守는 진보進步를 허락지 않아 뜨거운 물 끼얹고 고춧가루 뿌리던 성벽은 오래인 휴식에 인제는 이끼와 등넝쿨이 서로 엉키어 면도 않은 터거리처럼 지저분하도다.

다시 미당리 美堂里

돌아온 탕아라 할까
여기에 비하긴
늙으신 홀어머니 너무나 가난하시어

돌아온 자식의 상머리에는
지나치게 큰 냄비에
닭이 한 마리.

아직도 어머니 가슴에
또 내 가슴에
남은 것은 무엇이냐.

서슴없이 고깃점을 베어물다가
여기에 다만 헛되이 울렁이는 내 가슴
여기 그냥 뉘우침에 앞을 서는 내 눈물

조용한 슬픔은 알련만
아 내게 있는 모든 것은
당신에게 바치었음을……

크나큰 사랑이여
어머니 같으신
바치옴이여!

그러나 당신은
언제든 괴로움에 못 이기는 내 말을 막고
이냥 넓이 없는 눈물로 싸주시어라.

향수

어머니는 무슨 필요가 있기에 나를 만든 것이냐! 나는 이 항異港에 살고 어메는 고향에 있어 얕은 키를 더욱더 꼬부려 가며 무수한 세월들을 흰머리칼처럼 날려보내며, 오—어메는 무슨, 죽을 때까지 윤락된 자식의 공명功名을 기다리는 것이냐. 충충한 세관의 창고를 기어달으며, 오늘도 나는 부두를 찾아나와 쑤왈쑤왈 지껄이는 이국 소년의 회화會話를 들으며, 한나절 나는 향수에 부대끼었다.

어메야! 온—세상 그 많은 물건 중에서 단지 하나밖에 없는 나의 어메! 지금의 내가 있는 곳은 광동인廣東人이 신고 다니는 충충한 밀항선. 검고 비린 바다 위에 휘이—한 각등角燈이 비치울 때면, 나는 함부로 술과 싸움과 도박을 하다가 어메가 그리워 어둑어둑한 부두로 나오기도 하였다. 어메여! 아는가 어두운 밤에 부두를 헤매이는 사람을. 암말도 않고 고향, 고향을 그리우는 사람들. 마음속에는 모두 깊은 상처를 숨겨가지고…… 띄엄, 띄엄이, 헤어져 있는 사람들.

암말도 않고 검은 그림자만 거니는 사람아! 서 있는 사람아! 늬가 옛땅을 그리워하는 것도, 내가 어메를 못 잊는 것도, 다 마찬가지 제 몸이 외로우니까 그런 것이 아니겠느냐.

어메야! 오륙 년이 넘두락 일자소식이 없는 이 불효한 자식의 편지를, 너는 무슨 손꼽아 기다리는 것이냐. 나는 틈틈이 생각해본다. 너의 눈물을…… 오― 어메는 무엇이었느냐! 너의 눈물은 몇 차례나 나의 불평과 결심을 죽여버렸고, 우는 듯, 웃는 듯, 나타나는 너의 환상에 나는 지금까지도 설운 마음을 끊이지는 못하여 왔다. 편지라는 서로이 서러움을 하소하는 풍습이려니, 어메는 행방도 모르는 자식의 안재安在를 믿음이 좋다.

고전古典

  전당포에 고물상이 지저분하게 늘어선 골목에는 가로등도 켜지는 않았다. 조금 높다란 포도鋪道도 깔리우지는 않았다. 조금 말쑥한 집과 조금 허름한 집은 모조리 충충하여서 바짝바짝 친밀하게는 늘어서 있다. 구멍 뚫린 속내의를 팔러 온 사람, 구멍 뚫린 속내의를 사러 온 사람. 충충한 길목으로는 검은 망또를 두른 주정꾼이 비틀거리고, 인력거 위에선 차車와 함께 이미 하반신이 썩어가는 기녀들이 비단 내음새를 풍기어가며 가느른 어깨를 흔들거렸다.

3

종가

 돌담으로 튼튼히 가려 놓은 집안엔 검은 기와집 종가가 살고 있었다. 충충한 울 속에서 거미알 터지듯 흩어져나가는 이 집의 지손支孫들. 모두 다 싸우고 찢고 헤어져나가도 오래인 동안 이 집의 광영을 지키어주는 신주神主들 들은 대머리에 곰팡이가 나도록 알리어지지는 않아도 종가에서는 무기처럼 애끼며 제삿날이면 갑자기 높아 제상 우에 날름히 올라앉는다. 큰집에는 큰아들의 식구만 살고 있어도 제삿날이면 제사를 지내러 오는 사람들 오조할머니와 아들 며느리 손자 손주며느리 칠촌도 팔촌도 한테 얼리어 닝닝거린다. 시집갔다 쫓겨온 작은딸 과부가 되어온 큰고모 손가락을 빨며 구경하는 이종언니 이종오빠. 한참 쩡쩡 울리던 옛날에는 오조할머니 집에서 동원 뒷밥을 먹어 왔다고 오조할머니 시아버지도 남편도 동네 백성들을 곧잘 잡아들여다 모말굴림도 시키고 주릿대를 앵기었다고. 지금도 종가 뒤란에는 중복사나무 밑에서 대구리가 빤들빤들한 달걀귀신이 융융거린다는 마을의 풍설. 종가에 사는 사람들은 아무 일을 안 해도 지내 왔고 대대손손이 아무런 재주도 물리어 받지는 못하여 종갓집 영감님은 근시안경을 쓰고 눈을 찜찔거리며 먹을 궁리를 한다고 작인들에게 고리대금을 하여 살아 나간다.

어포 魚浦

 어포의 등대는 귀류鬼類의 불처럼 음습하였다. 어두운 밤이면 안개는 비처럼 내렸다. 불빛은 오히려 무서웁게 검은 등대를 튀겨놓는다. 구름에 지워지는 하현달도 한참 자욱한 안개에는 등대처럼 보였다. 돛폭이 충충한 박쥐의 나래처럼 펼쳐 있는 때, 돛폭이 어스름한 해적의 배처럼 어른거릴 때, 뜸 안에서는 고기를 많이 잡은 이나 적게 잡은 이나 함부로 투전을 뽑았다.

경鯨

점잖은 고래는 섬 모양 해상에 떠서 한나절 분수를 뿜는다. 허식虛飾한 신사, 풍류로운 시인이여! 고래는 분수를 중단할 때마다 어족들을 입 안에 요리하였다.

화원花園

 꽃밭은 번창하였다. 날로 날로 거미집들은 술막처럼 번지었다. 꽃밭을 허황하게 만드는 문명. 거미줄을 새어나가는 향그러운 바람결. 바람결은 머리카락처럼 간지러워…… 부끄럼을 갓 배운 시악시는 젖통이가 능금처럼 익는다. 줄기째 긁어먹는 뭉툭한 버러지. 유행치마 가음처럼 어른거리는 나비 나래. 가벼이 꽃포기 속에 묻히는 참벌이, 참벌이들. 닝닝거리는 울음. 꽃밭에서는 끊일 사이 없는 교통사고가 생기어났다.

소야小夜의 노래

무거운 쇠사슬 끄으는 소리 내 맘의 뒤를 따르고
여기 쓸쓸한 자유는 곁에 있으나
풋풋이 흰눈은 흩날려 이정표 썩은 막대 고이 묻히고
더런 발자국 함부로 찍혀
오직 치미는 미움
낯선 집 울타리에 돌을 던지니 개가 짖는다.

어메야, 아직도 차디찬 묘 속에 살고 있느냐.
정월 기울어 낙엽송에 쌓인 눈바람에 흐트러지고
산짐승의 우는 소리 더욱 처량히
개울물도 파랗게 얼어
진눈깨비는 금시에 내려 비애를 적시울 듯
도형수徒刑囚의 발은 무겁다.

구름과 눈물의 노래

성城돌에 앉아
우리 다만
구름과 눈물의 노래를 불러보려나.

산으로 산으로 따라오르며
초막들 죄그만 죄그만 속에
그 속에 네 집이 있고
네 집에서 문을 나서면 바로 성 앞이었다.

어디메인가
이제쯤은
너 홀로 단소 부는 곳……

어둠 속 성城줄기를 따라나리며
오로지 마음속에 여며두는 것
시꺼먼 두루마기 쓸쓸한 옷깃을 펄럭거리며
박쥐와 같이
다만 박쥐와 같이 날아보리라.

성城돌에 앉어
우리 다만
구름과 눈물을 노래하려나

산마루 축대를 쌓고
띄엄띄엄 닦아놓은
새 거리에는
병든 말이 서서 잠잔다.

눈 감고 귀 기울이면 무엇이 들려올까
들컹거리고 돌아가는 쇠바퀴소리
하염없이 돌아가는 폐마廢馬의 발굽소리뿐.

성城돌에 앉아
우리 다만
페가사쓰와 눈물의 노래를 불러보려나.

나 사는 곳

밤늦게 들려오는 기적소리가
산짐승의 울음소리로 들릴 제,
고향에도 가지 않고
거리에 떠도는 몸은 얼마나 외로울 건가.

여관방의 심지를 돋우고
생각없이 쉬고 있으면
단칸방 구차한 살림의 벗은
찬 술을 들고 와 미안한 얼굴로 잔을 권한다.

가벼운 술기운을 누르고
떠들고 싶은 마음조차 억제하며
조용조용 잔을 놓을 새
어느덧 눈물방울은 옷깃에 구르지 아니하는가.

"내일을 또 떠나겠는가"
벗은 말없이 손을 잡을 때

아 내 발길 대일 곳 아무 데도 없으나
아 내 장담할 아무런 힘은 없으나
언제나 서로 합하는 젊은 보람에
홀로 서는 나의 길은 미더웁고 든든하여라.

고향 앞에서

흙이 풀리는 내음새
강바람은
산짐승의 우는 소릴 불러
다 녹지 않은 얼음장 울멍울멍 떠나려 간다.

진종일
나룻가에 서성거리다
행인의 손을 쥐면 따듯하리라.

고향 가차운 주막에 들러
누구와 함께 지난날의 꿈을 이야기하랴.
양귀비 끓여다 놓고
주인집 늙은이는 공연히 눈물지운다.

간간이 잰내비 우는 산기슭에는
아직도 무덤 속에 조상이 잠자고
설레는 바람이 가랑잎을 휩쓸어 간다.

예 제로 떠도는 장꾼들이여!
상고商賈하며 오가는 길에
혹여나 보셨나이까.

전나무 우거진 마을
집집마다 누룩을 듸디는 소리, 누룩이 뜨는 내음새······

절정의 노래

탑이 있다.
누구의 손으로 쌓았는가, 지금은 거친 들판
모두 다 까맣게 잊혀진 속에
무거운 입 다물고 한없이 서 있는 탑,
나는 아노라. 뭇 천백 사람, 미지와 신비 속에서
보드라운 구름 밟고
별과 별들에게 기울이는 속삭임.

순시瞬時라도 아, 젊은 가슴 무여지는
덧없는 바래옴
탑이여, 하늘을 지르는 제일 높은 탑이여!
언제부터인가
스스로 나는 무게, 아득한 들판에
홀로 가없는 적막을 누르고⋯⋯

몇 차례나 가려다는 돌아서는가.
고이 다듬는 끌이며 자자하던 이름들
설운 이는 모두 다 흙으로 갔으나
다만 고요함의 끝 가는 곳에 이제도
한층 또 한층 주소로 애처로운 단념의 지붕 위에로

천 년 아니 이천 년 발돋움하듯
탑이여, 머리 드는 탑신이여, 너 홀로 돌이여!
어느 곳에 두 팔을 젓는가.

종소리

울렸으면……종소리
그것이 기쁨을 전하는
아니, 항거하는 몸짓일지라도
힘차게 울렸으면……종소리

크나큰 종면鍾面은 바다와 같은데,
상기도 여기에 새겨진 하늘 시악시
온몸이 업화業火에 싸여 몸부림치는 거 같은데
들리는가, 울리는가,
태고서부터 나려오는 여운—

울렸으면……종소리
젊으디젊은 꿈들이
이처럼 외치는 마음이
울면은 종소리 같으련마는……

스스로 죄 있는 사람과 같이
무엇에 내 닫지 않는가,
시인이여! 꿈꾸는 사람이여
너의 젊음은, 너의 바램은 어디로 갔느냐.

4

북방北方의 길

눈 덮인 철로는 더욱이 싸늘하였다
소반 귀퉁이 옆에 앉은 농군에게서는 송아지의 냄새가 난다
힘없이 웃으면서 차만 타면 북으로 간다고
어린애는 운다 철마구리 울듯
차창이 고향을 지워버린다.
어린애가 유리창을 쥐어뜯으며 몸부림친다

적야寂夜

적요한 마음의 영지로, 검은 손이 나를 찾아 어루만진다. 흐르는 마을의 풍경과 회상 속에서 부패한 침목枕木을 따라 끝없이 올라가는 녹슨 궤도와 형해形骸조차 볼 수 없는 죄그만 기관차의 연속하는 차바퀴 소리.

기적이 운다. 쓸쓸한 마음속에만이 들려오는 마지막 차의 울음소리라, 나는 얼결에 함부로 운다. 그래, 이 밤중에 누가 나를 찾을까 보냐. 누가 나에게 구원을 청할까 보냐.

쇠잔한 인생의 청춘 속에 잠기는 것은 오직 묘지와 같은 기억과 고적孤寂뿐 이도 또한 가장 정확한 나의 목표와 같다. 기적이여! 울으라 창량愴凉히…… 종점을 향하는 조그만 차야! 너의 창에 덮이는, 매연이나 지워버리자 지워버리자.

The Last Train

저무는 역두에서 너를 보냈다.
비애야!

개찰구에는
못 쓰는 차표와 함께 찍힌 청춘의 조각이 흩어져 있고
병든 역사歷史가 화물차에 실리어간다.

대합실에 남은 사람은
아직도
누굴 기다려

나는 이곳에서 카인을 만나면
목놓아 울리라.

거북이여! 느릿느릿 추억을 싣고 가거라
슬픔으로 통하는 모든 노선路線이
너의 등에는 지도처럼 펼쳐 있다.

헌사 獻詞 Artemis

마귀야 땅에 끌리는 네 검은 옷자락으로 나를 데려가거라
늙어지는 밤이 더욱 다가들어
철책 안 짐승이 운다.

나의 슬픈 노래는 누굴 위하여 불러왔느냐
하염없는 눈물은 누굴 위하여 흘러왔느냐
오늘도 말 탄 근위병의 발굽 소리는
성 밖으로 달려갔다.

나도 어디쯤 조그만 카페 안에서
자랑과 유전遺傳이 든 지갑 마구리를 열어헤치고
만나는 청년마다 입을 맞추리

충충한 구름다리 썩은 은기둥에 기대어 서서
기이한 손님아 기다리느냐
붉은 집 벽돌담으로 달이 떠온다

저 멀리서 또 이 가차이서도
나의 오장에서도 개울물이 흐르는 소리
스틱스의 지류인가 야기夜氣에 번적거리어

이 밤도 또한 이 밤도 슬픈 노래는 이슬비와 눈물에 적시었노니

청춘이여! 지거라
자랑이여! 가거라
쓸쓸한 너의 고향에……

무인도

나의 지대함은 운성隕星과 함께 타버리었다

아직도 나의 목숨은 나의 곁을 떠나지 않고
언제인가 그 언제인가
허공을 스치는 별납과 같이
나의 영광은 사라졌노라

내 노래를 들으러 오지 않으려느냐
독한 향취를 맡으러 오지 않으려느냐
늬는 귀 기울이려 아니하여도
딱다구리 썩은 고목을 쪼웃는 밤에 나는 한걸음 네 앞에 가마

표정없이 타오르는 인광이여!
발길에 채는 것은 무거운 묘비와 담담한 상심

천변 가차이 까마귀떼는 왜 저리 우나
오늘 밤 아 오늘 밤에는 어디쯤 먼 곳에서
물에 뜬 송장이 떠나오려나

나의 길
― 3·1 기념의 날을 맞으며

기미년 만세 때
나도 소리높이 만세를 부르고 싶었다.
아니 흉내라도 내이고 싶었다.
그러나 나는 그 전해에 났기 때문에
어린애 본능으로 울기만 하였다.
여기서 시작한 것이 나의 울음이다.

광주학생사건 때
나도 두 가슴을 헤치고 여러 사람을
따르고 싶었다.
그러나 그때의 나는
중등학교 입학시험에 미끄러져
그냥 시골구석에서 한문을 배울 때였다.
타고난 불운이 여기서 시작한 것이다.

그 뒤에 나는
동경에서 신문배달을 하였다.
그리하여 붉은 동무와
나날이 싸우면서도
그 친구 말리는 붉은 시를 썼다.

그러나
이때도 늦은 때였다.
벌써 옳은 생각도 한철의 유행되는 옷감과 같이
철이 지났다.
그래서 내가 우니까
그때엔 모두 다 귀를 기울였다.
여기서 시작한 것이 나의 울음이다.

8월 15일
그 울음이 내처 따라왔다.
빛나야 할 앞날을 위하여
모든 것은
나에게 지난 일을 돌이키게 한다.
그러나 나에게는 울음뿐이다.
몇 사람 귀 기울이는 데에 팔리어
나는 울음을 일삼아왔다.
그리하여 나는 또 늦었다.
나의 갈 길,
우리들의 가는 길,
그것이 무엇인 줄도 안다.

그러나 어떻게? 하는 물음에 나의 대답은 또 늦었다.
아 나에게 조금만치의 성실이 있다면
내 등에 마소와 같이 길마를 지우라.
먼저 가는 동무들이여,
밝고 밝은 언행의 채찍으로
마소와 같은 나의 걸음을 빠르게 하라.

성탄제 聖誕祭

산밑까지 나려온 어두운 숲에
몰이꾼의 날카로운 소리는 들려오고,
쫓기는 사슴이
눈 우에 흘린 따듯한 핏방울.

골짜기와 비탈을 따라나리며
넓은 언덕에
밤 이슥히 횃불은 꺼지지 않는다.

뭇 짐승들의 등 뒤를 쫓아
며칠씩 산속에 잠자는 포수와 사냥개,
나어린 사슴은 보았다
오늘도 몰이꾼이 메고 오는
표범과 늑대.

어미의 상처를 입에 대고 핥으며
어린 사슴이 생각하는 것
그는
어두운 골짝에 밤에도 잠들 줄 모르며 솟는 샘과
깊은 골을 넘어 눈 속에 하얀 꽃 피는 약초.

아슬한 참으로 아슬한 곳에서 쇠북소리 울린다.
죽은 이로 하여금
죽는 이를 묻게 하라.

길이 돌아가는 사슴의
두 뺨에는
맑은 이슬이 나리고
눈 우엔 아직도 따뜻한 핏방울……

산협山峽의 노래

이 추운 겨울 이리떼는 어디로 몰려다니랴.
첩첩이 눈 쌓인 골짜기에
재목을 싣고 가는 화물차의 철로가 있고
언덕 위 파수막에는
눈 어둔 역원이 저녁마다 램프의 심지를 갈고.

포근히 눈은 날리어
포근히 눈은 나리고 쌓이어
날마다 침울해지는 수림樹林의 어둠 속에서
이리떼를 근심하는 나의 고적은 어디로 가랴.

눈보라 휘날리는 벌판에
통나무 장작을 벌겋게 지피나
아 일찍이 지난날의 사랑만은 따스하지 아니하도다.

배낭에는 한 줌의 보리이삭
쓸쓸한 마음만이 오로지 추억의 이슬을 받아마시나
눈부시게 흰한 산등을 나려다보며
홀로이 돌아올 날의 기꺼움을 못가졌노라.

눈 속에 싸인 골짜기
사람 모를 바위틈엔 맑은 샘이 솟아나고
아늑한 응달녘에 눈을 헤치면
그 속에 고요히 잠자는 토끼와 병든 사슴이.

한겨울 나린 눈은
높은 벌에 쌓여
나의 꿈이여! 온 산으로 벋어나가고
어디쯤 나직한 개울 밑으로
훈훈한 동리가 하나
온 겨울, 아니 온 사철
내가 바란 것은 오로지 따스한 사랑.

한동안 그리움 속에
고운 흙 한 줌
내 마음에는 보리이삭이 솟아났노라.

연화시편 蓮花詩篇

 곡식이 익는다. 풀섶에 벌레가 운다. 이런 때 연잎은 지는 것이다. 차고 쓸쓸한 꽃잎 하나 줄기에 붙이지 않고 연잎은 지는 것이다.

 일 년 가야 쇠통 맑은 적 없는 시꺼먼 시궁창 속에 거북은 보는 게었다.

 봄철 갈라지는 얼음장, 여름 찾아 첨벙대던 개구리 새끼. 모든 것이 침전하였다. 모든 게 오직 까라앉을 뿐이었었다.
 연잎이 시들면, 연잎이 시들면, 심심한 수면 위에 또 한 해의 향기는 스미어들고

 물속에 차차로 가라앉는 오리털,
 이 속에 손님이 오는 것이다. 아무런 표정도 없이 아무런 기맥도 없이 밤이슬은 내리어 서리가 된다.
 소 몰고 돌아가는 저녁 길, 저녁 길의 논두렁 위에 푸뜩푸뜩 풍장치며 흩어지는 농사꾼.
 오곡이 익은 게었다. 곡식이 익은 게었다.

웅덩이에는 낙엽이 한 겹 물 위에 쌓이더니 밤마다 풀섶에는 가을벌레가 울고, 낙엽이 다시 모조리 가라앉는 날, 죄 그만 어족들은 보드라운 진흙 속에 연뿌리 울타리하여 길고 긴 겨울잠으로 빠지는 것이었었다.

한때는 그 넓은 이파리에 함촉 이슬을 받들었을 연잎조차 잠자는 미꾸리와 거머리의 등을 덮는 것이나, 두 눈 감고 깊은 생각에 잠기인 거북이의 등 위엔, 거북이의 하늘 위엔 살얼음이 가고 그것이 차차로 두꺼워질 뿐.

까만 머리 따 늘이는 밤하늘에도 총총하던 별 한 송이, 별 한 송이 비최지 않고 희부연 얼음장에는 붉은 물 든 감잎이 끼어 있을 뿐.

한겨울은 다시 얼어붙은 웅덩이에 눈싸리를 쌓아 얹으나 어둠 속에 가라앉은 거북이는, 목을 늘여, 구정물 마시며, 반년 동안 밤이 이웃는 아라사의 옥창獄窓과 같이, 맛없는 울음에 오! 맛없는 울음에 보드라운 회한의 진흙 구덩이 깊이 헤치며 뜯어먹는 미꾸리와 거머리.

두꺼운 얼음장 밖으로 연이어 연이어 깜깜한 어둠이 흐른다 해도, 구름 속에 상현달이 오른다 해도 거북이의 이고 있는 하늘엔 희부연 얼음장이 깔려있을 뿐, 한 사리 싸락눈이 쌓여 있을 뿐.

지도자
— 전국청년단체대회 대표들에게

지도자가 왔다.
지도자는 비행기로 왔다.
그리고 지도자는 한인韓人의 지도자여야 된다.
청년들은 모두 다 기쁨에 넘쳤다.
아 피 끓는 가슴밖에 미처 준비하지 못한 우리 청년들은
두 팔을 벌리어 지도자를 맞았다.
지도자는 우상이 아니다.
지도자는 이 젊은 피를 옳은 데로 흐르게 하는 것이다.

그러나 지도자는 원로에 피곤하였다.
그리고 지도자는 회의에 바쁘다.
그리고 수만을 대표한 청년들은 낮부터
밤 새로 한시까지 기다리었다.
그러나 아 끝끝내 우리들의 위대한 지도자의 말씀은 겟아웃이었다.
그리고 우리들의 위대한 지도자는 끝끝내 라디오를 들을 수 있는 곳에만 방송을 하였다.

5

첫서리

깊은 산 골짜구니에
숯 굽는 연기,
구름과 함께 사라지다
구름과 함께

얕은 집 울 안에
장대를 들어 과일 따는 어린애
날마다 사다리 놓고
지붕 위에 올라가더니

홍시 찍어 먹는 까마귀, 검은 까마귀
가 소년을 부른다.
무서리 내린 지붕 우에
멀고 먼 하늘이 있다
구름이 있다.

상렬 喪列

고운 달밤에
상여야, 나가라
처량히 요령 흔들며

상주도 없는
삿갓가마에
나의 쓸쓸한 마음을 싣고

오늘 밤도
소리 없이 지는 눈물
달빛에 젖어

상여야 곱다
어두운 숲 속
두견이 목청은 피에 적시어……

FINALE

경이驚異는 아름다웠다. 모두가 다스한 숨결. 비둘기 되어 날아가누나. 하늘과 바다. 자랑스런 슬픔도. 고운 슬픔도. 다— 삭은 이정표. 이제는 무수한 비둘기 되어.

그대 섰는 발밑에. 넓고 설운 강물은 흘러가느니…… 사화산이여! 아 이 땅에 다다른 왼 처음의 산맥. 내 슬픔이 임종하노라. 내 보람 임종하노라. 내 먼저 눈을 다 가린다. 나의 피앙세.

영영 숨을 모으는 그의 머리맡에서 내 먼저 눈을 가린다. 즐거이 부르던 네 노래 들을 수 없고. 고운 얼굴 가리울 희디흰 장미 한 가지 손 앞에 없어……

자욱한 안개. 지줄지줄 지줄거리는 하늘 밑에서. 학처럼 떠난다. 외롬에 하잔히 적시운 희고 쓸쓸한 날개를 펴, 말없이 카오스에서 떠나가는 학.

두 줄기 흐르는 눈물 어쩌다 스며드느냐. 한철 뗏목은 넓고 설운 강물에 흘러나리어 위태로운 기슭마다. 차고 깨끗한 이마에 한 줄기 고운 피 흘리며. 떠나는 임을 보내며. 두 줄기. 스미는 눈물. 어찌라 어찌라 나 홀로 고향에 머물러 옷깃을 적시나니까.

모화 牟花

모화야, 모화
저 여자는 제 몸에 고향을 두고
울기만 한다.
환하게 하얀 달밤에
남몰래 피고 지는 보리꽃 모양

성씨보 姓氏譜
— 오래인 관습, 그것은 전통을 말함이다

 내 성은 오吳씨. 어째서 오가인지 나는 모른다. 가급적으로 알리어 주는 것은 해주로 이사 온 일청인一淸人이 조상이라는 가계보의 검은 먹글씨. 옛날은 대국 숭배大國崇拜를 유 —심히는 하고 싶어서, 우리 할아버니는 진실 이李가였는지 상놈이었는지 알 수도 없다. 똑똑한 사람들은 항상 가계보를 창작하였고 매매하였다. 나는 역사를, 내 성을 믿지 않아도 좋다. 해변가로 밀려온 소라 속처럼 나도 껍데기가 무척은 무거웁고나. 수통하고나. 이기적인, 너무나 이기적인 애욕을 잊으려면은 나는 성씨보가 필요치 않다. 성씨보와 같은 관습이 필요치 않다.

귀촉도歸蜀途
― 정주廷柱에 주는 시

파촉巴蜀으로 가는 길은
서역 삼만리.
뜸부기 울음 우는 논두렁의 어둔 밤에서
갈라래비 날려보는 외방 젊은이,
가슴에 깃든 꿈은 나래 접고 기다리는가.

흙먼지 자욱이 이는 장거리에
허리끈 끄르고, 대님 끄르고, 끝끝내 옷고름 떼고,
어두컴컴한 방구석에 혼자 앉아서
창 넘어 뜨는 달, 상현달 바라다보면 물결은 이랑이랑
먼 바다의 향기를 품고,
파촉의 인주印朱빛 노을은, 차차로, 더워지는 눈시울 안에―

풀섶마다 소해자小孩子의 관들이 널려 있는 뙤의 땅에는
너를 기두리는 일금一金 칠십원야七十圓也의 쌀러리와 죄그만 STOOL이 하나
집을 떠나고, 권속마저 뿌리이치고,
장안 술 하룻밤에 마시려 해도
그거사 안 되지라요, 그거사 안 되지라요.

파촉으로 가는 길은
서역 하늘 밑.
둘러보는 네 웃음은 용천병病의 꽃 피는 울음
굳이 서서 웃는 검은 하늘에
상기도, 날지 않는 너의 꿈은 새벽별 모양,
아 새벽별 모양, 빤작일 수 있는 것일까.

초봄의 노래

내가 부르는 노래
어데선가 그대도 듣는다면은
나와 함께 노래하리라.
「아 우리는 얼마나
기다렸는가……」 하고

유리창 밖으론
함박눈이 펑 펑 쏟아지는데
한겨울
나는 아무 데도 못 가고
부질없는 노래만 불러왔구나.

그리움도 맛없어라
사무침도 더디어라

언제인가 언제인가
안타까운 기약조차 버리고
한동안 쉴 수 있는 사랑마저 미루고
저마다 어둠 속에 앞서던 사람

이제 와선 함께 간다.
함께 간다.
어디선가 그대가 헤매인대도
그 길은 나도 헤매이는 길

내가 부르는 노래
어데선가 그대가 듣는다면은
나와 함께 노래하리라.
「아 우리는 얼마나
기다렸는가……」 하고

강을 건너

　모닥불. 모닥불. 은은히 붉은 속. 차차 흙 밑에는 냉기가 솟고. 재 되어 스러지는 태胎. 강 건너 바람이, 날 바보로 만들었구려. 파락호 호주胡酒에 운다. 석유불 끔벅이는 토담방 북데기 깐 토담방 속에. 빽빽이는 갓난애. 갓난애 배꼽줄 산모의 미련을 끊어. 모닥불. 모닥불 속에. 은은히 사그라진다.

　눈 녹아. 지평 끝, 쫓아오는 미더운 숨결. 아직도 어두운 영창의 문풍지를 울리며. 쑤렁한 논두렁. 종다리 돌을 던지며. 고운 흙. 새 풀이 나온다. 보리. 보리. 들가에 흩어진 농군들. 봄밀. 봄밀이, 솟쳐오른다. 졸.졸.졸. 하늘 있는 곳 구름 이는 곳. 샘물이 흐르는 소리.

　해마다, 해마다. 강을 건너며. 강을 건너며. 골짜기 따라 오르며. 며칠씩, 며칠씩, 불을 싸질러. 밤하늘 끄실렀었다. 풀 먹는 사슴이. 이슬 마시는 산토끼. 모조리 쫓고. 조상은 따비 이루고. 무덤 만들고. 시꺼먼 뗏장 위에 산나물 뜯고. 이 뒤에사 이 뒤에사 봄이 왔었다.

어찌사 어찌사 울을 것이냐. 예성강이래도 좋다. 성천강이래도 좋다. 두꺼운 얼음장 밑에 숨어 흐르는 우리네 슬픔을 건너. 보았느니 보았느니. 말없이 흐르는 모든 강물에. 송화. 송화. 송홧가루가 흥건히 떠내려가는 것. 십일평야十日平野에 뿌리를 박고. 어찌사 울을 것이냐. 꽃가루여. 꽃수염이여.

노래

깊은 산골
인적이 닿지 않는 곳에
온종일 소나기가 내리퍼붓는다.

이윽한 밤늦게까지
온 마음이 시원하게
쿵, 쿵, 쿵, 쿵, 가슴을 헤치는 소리가 있다.

이것이 노래다.

산이 산을 부르는
아득한 곳에서
폭포의 우람한 목청은
다시 무엇을 부르는 노래인가

나는 듣는다,
깊은 산골짝
인적이 닿지 않는 곳에
억수로 퍼붓는 소나기 소리.

■ 발사 跋辭

성벽城壁 시절의 장환

　문학의 청춘을 마치 '보드렐'과 '베르렌' 같이 고독한 심신으로 거리에서 다방에서 자나 깨나 사라오든 『성벽』초판이 간행(1937년 7월)되든 당시에 이땅 젊은 시인들 주변에서 더욱이 내 사랑하는 장환의 체온 곁에서 그들과 함께 다감한 세월을 거러온 나는 재판되어 나오는 이 책의 이약이를 이제다시 되풀이 한다. 『성벽』은 장환의 처녀시집이다.
　시 한 구 한 구를 몟번이고 붓을 대여 집에서나 거리에서나 어데서고 그는 시고詩稿를 옆에 끼고 다니였으니 이 『성벽』의 시편은 당시 내가 수없이 읽었을 뿐만 아니라 그와 함께 읊조리며 가다듬으며 즐거워하였든 것으로, 장환은 동경서 사가지고 온 사치한 원고지를 수없이 써버리였고 작품이 완성되면 한자 한자 얌전히 청서淸書하여 그 원고를 제본까지 하여가지고 다녔다.
　『성벽』이 나오기 벌써 전에 그는 「콕토」 부럽지 않은 삼행시를 많이 썼으며 편석촌片石村을 통하야 조선일보지상에 발표된 삼행시 「카메라·룸」은 현대시에 있어 새로운 감각의 신경지를 보여주었으며 이 무렵 휘문학교 흰테두리모자를 쓰고 다니든 16세의 그는 ≪조선문학≫(1933년 9월

창간—3호까지 계속)에 「목욕간」이라는 산문시를 처음으로 발표하였는데 그 나희와는 엄청나게 인생의 〈페이소스〉한 것을 느끼게 하는 놀라운 경지의 것이었으니 장환의 초기작품 중에서 가장 빛나는 것이 아닌가 생각한다. 학교고 무엇이고 문학으로 인하야 모다팽겨치고 동경으로 드나들며 색깔진 양복과 넥타이에 그 좋아하는 시집 중에 진본珍本, 호화판, 초판본을 사드리였고 운니동 집에서 눈만 뜨면 아침밥을 먹기가 무섭게 우리들이 모이든 〈미모사〉〈낙랑〉〈에리사〉로 뛰어나왔고 이곳에서 해가 저물어 거리에 밤이」오면 제각금 주머니에서 돈을 털어」 모아 춘발원春發園 배갈집으로 향하야 밤이슥해서 집으로 찾어드러 아모 방이고 닥치는 데로 들어가 코를 골았다. 문학을 위하야 사는 보람에서 도취 되어 장환은 살어나왔다.

『성벽』은 일즉이 잡지 ≪풍림≫ ≪시인부락≫이 나오든 중앙인쇄관에서 홍구洪九형의 주선으로 장환이 마음껏 기분을 내여 판화를 부치고, 전문을 푸른빗갈로 인쇄하야 간행되었고 이 책이 나오자 그해 8월 15일밤 우리들의 단골 다방인 〈미모사〉에서 마담 강여사의 호의로서 출판기념회를 열고 분에넘치는 맥주를 마서가며 밤을 지새였은데 이날 밤 육사陸史가 낭독한 「월향구천곡月香九天曲」을 비롯하야 돌녀가며 『성벽』 이약이로 꽃을 피우든 그 분위기는 지나간 젊은 시절을 생각게 하는 그리운 인상의 하나다. 『성벽』은 우리 시단에서 처음으로 현대인의 어두운 숙명을 노래한 새로운 서정시의 등불이었고 그 당시 우리 꿈 만흔 시질을 회상하기에도 그리운 기항지이다.

소위 해방이 되였다고 하는 오늘 이 책이 다시나온다. 그러나 병든 이 땅의 비애를 독차지한 듯한 장환의 서름은 점점 골수에 사모치고, 『성벽』의 상흔이 아즉도 마르지안코 『성벽』을 둘러싸고 나려온벗 중 에 육사, 병각, 금관金管은 먼저 세상을 떠나가고 서글픈 해방이 주는 영탄으로 더욱 커지는 장환의 통곡은 대체 언제나 끈치려는가! 내 사랑하는 고독의 시인, 그 상심의 그늘 아래에 나는 서서 가슴 앞어 하노라!

1946년 국추菊秋
이 봉 구 李 鳳 九

― 시집『성벽』재판(1947. 1.10) 발문에서 ―

오장환

연 보

1918 (1세) 5월 15일 충북 보은군 회북면 중앙리(회인) 140번지에서 태어남.

1924 (7세) 회인공립보통학교 입학.

1927 (10세) 경기도 안성군으로 이사. 안성공립보통학교로 전학.

1930 (13세) 안성공립보통학교를 졸업하고 중동학교 속성과에 입학.

1931 (14세) 중동학교 수료 후 4월 휘문고등보통학교 입학. 정지용으로부터 시를 배움.

1933 (16세) 2월 학교 문예지 ≪휘문≫에 「아침」과 「화염」 수록.
11월 ≪조선문학≫에 「목욕간」을 발표하며 등단.

1934 (17세) 4월 일본으로 건너가 지산智山중학교에 전입함.

1936 (19세) 지산중학교 수료. ≪낭만≫ ≪시인부락≫ 동인 활동.

1937 (20세) 4월 명치대학 전문부에 입학. ≪자오선≫ 동인 활동.
7월 첫 시집 『성벽』(풍림사) 간행.

1938 (21세) 3월 명치대학을 중퇴하고 귀국. 7월 아버지 오학근 사망.
서울 종로구 관훈동에서 남만서점이란 책방을 냄.

1939(22세) 두 번째 시집 『헌사』(남만서방) 간행.

1945(28세) 신장병으로 입원 중 8·15 해방을 맞음.

1946(29세) 조선문학가동맹 서울시지부 사업부 위원 및 동 문학대중화운동위원회 위원.
5월 『예세닌 시집』(동향사)을 번역하여 냄.
7월 세 번째 시집 『병든 서울』(정음사) 간행.
「성벽」 「온천지」 「어육」 「경」 「어포」 6편을 추가하여 『성벽』(아문각)을 재판 간행.

1947(30세) 2월 장정인과 결혼.
6월 네 번째 시집 『나 사는 곳』(헌문사) 간행.
중학교 5·6학년용 국어교과서에 시 「석탑의 노래」가 실림.
10월부터 이듬해 2월까지 테러를 피해 월북하여 남포병원에 입원함.

1948(31세) 7월 산문집 『남조선의 문학예술』 간행.
12월 병 치료차 모스크바로 가 볼킨병원에 입원함.

1949(32세) 7월 모스크바에서 귀국함.

1950(33세) 다섯 번째 시집이며 소련 기행 시집인 『붉은 기』 간행.

1951(34세) 지병인 신장병으로 사망.

1988년 6월 납·월북작가에 대한 해금 조치로 오장환 연구 및 작품 출판 허용됨.

1989년 『오장환 전집』(창작과 비평사) 최두석 편집으로 전2권 간행.

1990년 10월 김학동의 『오장환 연구』(시문학사) 간행.

1996년 5월 충북 보은에서 제1회 오장환문학제 개최.

2002년 2월 김재용의 『오장환 전집』(실천문학사) 간행.

2003년 6월 김학동의 『오장환 전집』(국학자료원) 간행.

2006년 오장환 생가 및 문학관 건립.
9월 도종환이 엮은 오장환 동시집 『바다는 누가 울은 눈물인가』(도서출판고두미) 간행.

2008년 보은군과 실천문학사 주관으로 오장환 문학상 제정.

2012년 2월 도종환의 『오장환 시詩 깊이 읽기』(실천문학사) 간행.

〚한국대표명시선100〛을 펴내며

　한국 현대시 100년의 금자탑은 장엄하다. 오랜 역사와 더불어 꽃피워온 얼·말·글의 새벽을 열었고 외세의 침략으로 역경과 수난 속에서도 모국어의 활화산은 더욱 불길을 뿜어 세계문학 속에 한국시의 참모습을 드러내게 되었다.
　이 나라는 글의 나라였고 이 겨레는 시의 겨레였다. 글로 사직을 지키고 시로 살림하며 노래로 산과 물을 감싸왔다. 오늘 높아져 가는 겨레의 위상과 자존의 바탕에도 모국어의 위대한 용암이 들끓고 있음이다.
　이제 우리는 이 땅의 시인들이 척박한 시대를 피땀으로 경작해온 풍성한 시의 수확을 먼 미래의 자손들에게까지 누리고 살 양식으로 공급하는 곳간을 여는 일에 나서야 할 때임을 깨닫고 서두르는 것이다.
　일찍이 만해는 「님의 침묵」으로 빼앗긴 나라를 되찾고 잃어가는 민족정신을 일으켜 세우는 밑거름으로 삼았으며 그 기름의 뜻은 높은 뫼로 솟아오르고 너른 바다로 뻗어 나가고 있다.
　만해가 시를 최초로 활자화한 것은 옥중시 「무궁화를 심고자」(≪개벽≫ 27호 1922.9)였다. 만해사상실천선양회는 그 아흔 돌을 맞아 만해의 시정신을 기리는 일의 하나로 '한국대표명시선100'을 펴내게 된 것이다.
　이로써 시인들은 더욱 붓을 가다듬어 후세에 길이 남을 명편들을 낳는 일에 나서게 될 것이고, 이 겨레는 이 크나큰 모국어의 축복을 길이 가슴에 새겨나갈 것이다.

───── 만해사상실천선양회 ─────

한국대표명시선100 | 오장환

병든 서울

1판1쇄 발행 2013년 7월 22일
1판2쇄 발행 2019년 5월 31일

지 은 이 오장환
뽑 은 이 만해사상실천선양회
펴 낸 이 이창섭
펴 낸 곳 시인생각
등   록 제127-34-51037호(2012.7.9)
주   소 경기도 고양시 일산동구 호수로 688. A-419호
          ㉾10364
전   화 050-5552-2222
팩   스 (031)812-5121
이 메 일 lkb4000@hanmail.net

값 6,000원

ISBN 978-89-98047-71-9 03810

* 잘못된 책은 구입하신 서점에서 교환하여 드립니다.

※ 이 책은 만해사상실천선양회의 지원으로 간행되었습니다.